SUPER RATADO

Primera edición: febrero de 2023

Diseño y maquetación: Endoradisseny

Dirección Editorial: Pema Maymó

La Galera es un sello de Grup Enciclopèdia
Josep Pla, 95
08019 Barcelona
www.lagaleraeditorial.com

Impreso en Tallers Gràfics Soler
Depósito legal: B 18.596-2022
ISBN: 978-84-246-7282-9
Impreso en la UE

SUPER RATADO

LA INVASIÓN DE LAS CUCARACHAS

GEMMA BRIE

Ilustraciones de ESTHER BURGUEÑO

laGalera

SALUDOS OFICIALES DE LA AUTORA

¡Eyyyy! ¡Holaaaa! Soy Pu, la única pulga que ha conseguido ganar el **PREMIO NOBEL DE LITERATURA**. Os preguntaréis cómo es posible, si este premio solo se lo dan a los humanos.

Pues bien, iré al grano: he vivido durante mucho tiempo en la cabeza del…

¡ESCRITOR MÁS IMPORTANTE DEL MUNDO!

Así fue como aprendí el oficio de escribir mejor que nadie. De hecho, cuando él se quedaba en blanco, era yo quien le susurraba las frases al oído para que continuara sus historias.

¡SHHHH! ¡Guardadme el secreto, eh, que él creía que eran las musas las que lo ayudaban!

Así que sí, aunque fue él quien recogió el premio, yo también me considero ganadora.

Pero el objetivo de mi vida es escribir **AVENTURAS DE VERDAD**, y la vida del escritor era demasiaaaado aburrida... ¡Nunca le sucedía nada interesante! Por eso mismo un buen día salté de su cabeza y fui a parar al pelo blanco de un ratón que, de un día para otro, se convirtió en un héroe: un héroe de esos que se pasean por la ciudad y, **PIM, PAM, PUM**, ¡de repente se encuentran en medio de una nueva misión, emocionante y, a la vez, terriblemente peligrosa!

¡¡¡¡Gracias a todas las aventuras que he vivido ya he escrito más de 100 libros!!!!

¿Estáis preparados para saber cómo empezó **TODO?**

¡GEMMA BRIE ES MI PSEUDÓNIMO!
¿OS GUSTA MI ESCRITORIO?

¡DEJADME EN PAAAAZ!

Podía parecer que Ratado tenía una cara convencional: unos bigotes largos y delgados que hacían **COSQUILLAS** si te acercabas, los ojos más redondos que hayas visto jamás en la cara de un ratón y una inquieta nariz que movía por cualquier cosa. Pero, a diferencia de sus rata-compañeros, él no era gris, ni grande, ni tampoco tenía los ojos negros. Ratado era Ratado: un ratón albino de ojos rojos tan pequeño como un **TOMATE CHERRI**.

Cuando llegaba la medianoche y el ritmo de la ciudad se calmaba, apenas empezaba el día para él y todos aquellos que habitaban las cloacas. Después de un buen festín repleto de quesos, Ratado salía de su madriguera y corría por los conductos del alcantarillado, ahora a la derecha, ahora a la izquierda, siguiendo las indicaciones de los carteles que la ratamaestra había colgado para que no hubiera **NINGUNA EXCUSA** —¡ni la de perderse!— que justificara llegar tarde a clase.

Pero últimamente Ratado prefería llegar cuando la clase ya había empezado y evitar así escuchar más rato de la cuenta las burlas que tres ratacompañeros nada empáticos le dirigían por tener un cuerpo más pequeño y diferente.

Así es que, cuando llegaba al conducto más alto, donde la peste a pises putrefactos de las cloacas se volvía más fuerte y penetraba bien adentro de la nariz, Ratado se sentaba en uno de los pupitres cercanos a la ratamaestra para sentirse más protegido.

—**PSSSST, PSSSST**, ra-nariz rosada —le decían los ratacompañeros, que hablaban añadiendo un «ra» delante de algunas palabras desde que habían descubierto que era un juego bastante divertido.

—¿Sabías que eres un blanco sin ra-sol?

—Sí, y también un ra-ojos de sangre.

Ratado sabía qué pretendían: ¡querían que se girara! Y no, ¡no los complacería por nada del mundo!

Se resignaba a mirar hacia adelante, a concentrarse en un punto indefinido del hierro oxidado donde la ratamaestra tenía colgada una pequeña pizarra. Y entonces, cuando la ratamaestra dibujaba mapas, y cloacas, y los campos de grano más comestibles, y les explicaba cómo podían pasar desapercibidos en el **MUNDO DE LOS HUMANOS**, Ratado se relajaba y anotaba en la libreta

de apuntes la información que le resultaba interesante. Ese día hablaban de **GATOS** y escribió:

Muy importante: ¡para escapar de un gato hay que correr para marearlo y poder volver al interior de la madriguera lo más rápido posible!

Ellos, los rataalumnos, eran ratones que todavía no habían visto suficiente mundo y que, como todo ratoncito pequeño, necesitaban conocer las medidas de seguridad si querían moverse más allá del alcantarillado, en el exterior y a plena luz del día. De momento, tenían sus propias **NORMAS** resaltadas en un cartel:

Cumplirlas era una obligación necesaria mientras fuesen estudiantes.

Ratado a menudo se quedaba mirando el cartel de normas con cara de pocos amigos. Echaba de menos la norma que él consideraba la **NÚMERO UNO** por excelencia, la de...

No reírse de los compañeros.

RA-DEMONIOS

Una madrugada, después de una clase tan **LAAARGA** como un día sin pan, Ratado deseaba volver rápido a la madriguera para releer su libro favorito cuando...

—¡Pequeña mancha de ra-ojos de sangre! ¿No recuerdas que no te queremos por aquí?

Los tres rataalumnos lo esperaban en la cloaca que comunicaba con la zona este de la ciudad.

Ratado se irguió sobre las patas traseras para aparentar ser más alto y fuerte, pero tardó poco en encogerse de nuevo. Y entonces... en-

tonces el más alto se lanzó hacia él y le estiró uno de los bigotes.

—¡Me haces daño! —bramó de dolor Ratado.

—Estos ra-bigotes tuyos nos molestan al pasar. Te los arrancaremos todos —avisó el del medio, arrancándole otro—. ¡Ni uno te quedará!

Ratado esquivó el tercer ratón y, pequeño como era, se le escabulló por entre las piernas justo a tiempo. ¡Y venga! **¡A PONER LOS PIES EN POLVOROSA!** Se escapó por una cloaca desconocida mientras, con las orejas recogidas hacia atrás y los ojos abiertos como lunas llenas, miraba por encima del hombro por miedo a que lo atraparan.

Los ratacompañeros que le perseguían eran los más altos y fuertes, pero también los más pesados, y Ratado aprovechó que él era pequeño y ligero para **GANAR TIEMPO**. Corría y corría, pensando que se quedaría sin bigotes si se detenía, y acabó perdiendo la cuenta de cuántos virajes había dado y qué conductos había recorrido.

LA CIUDAD... ¡CUÁNTOS PELIGROS!

Cuando llegó al final de un pasillo muy oscuro y tétrico, Ratado se asomó por una verja que conducía a una carretera transitada del centro de la ciudad. Fuera hacía un sol deslumbrante.

—UAAAAAAAAU.

Los ojos le iban de los niños que caminaban con mochilas colgadas en la espalda a las personas mayores que paseaban con la ayuda de un bastón y a los conductores frenéticos que hacían **ZIGZAGS** y a las personas cargadas de bolsas y… y también a los perros que meaban en las farolas ¡y a los gatos que estaban al acecho por si aparecía un ratón en algún lado!

Ratado tuvo que pensárselo dos veces antes de salir a la calle. Necesitaba llegar a su **MADRIGUERA**, que quedaba dentro de la casa de unos humanos de narices grandes, y creyó que si salía a la superficie evitaría volver a toparse con los ratacompañeros que se reían de él.

Pero nada más pisar la ciudad tuvo que realizar una **ACROBACIA** en el aire para esquivar una moto que corría más rápido que el viento. Con una gran voltereta final acabó aterrizando sobre la acera y entonces, arrimado a la pared, fue avanzando callejón abajo, mientras acababa de reponerse del susto.

Mientras, se miraba con el rabillo del ojo en el reflejo de los escaparates. Al pasar por una clínica veterinaria —aunque él no sabía qué era una clínica veterinaria—, se puso de pie y se giró hacia un lado y hacia el otro. No entendía por qué se reían tanto de él. ¡Estaba muy **ORGULLOSO** de su nariz rosada, de sus bigotes largos, de su pelo blanco y de sus ojos rojos!

Y entonces un pensamiento le cayó encima como un rayo: ¡había desobedecido dos normas! ¡La de **NO ALEJARSE DE LA MADRIGUERA** y la de **NO SALIR DE DÍA!** ¡Y no le había pasado nada desastroso!

¡A CORRER! ¡UN GATOOOO!

Mientras Ratado se aguantaba en una sola pata y giraba frente al escaparate y hacía muecas divertidas en el cristal... ¡de repente se materializó el reflejo de un **GATO NEGRO!**

Ratado se quedó petrificado a la espera del movimiento alarmante de las patas del gato, pero el felino siguió su camino sin prestarle la más mínima atención.

—Soy un ratón —pensó en voz alta Ratado— ¡y el gato no me ha cazado!

¡Estaba **ALUCINANDO!** ¡Tanto tiempo estudiando maneras de esquivar gatos y parecía que no les interesaba en absoluto!

Y entonces, mientras se preguntaba cómo era posible aquello, el gato retrocedió y se detuvo a su lado.

—Oh, ¿un ratón blanco? —preguntó el gato—. Me estás mintiendo: tú no eres un ratón.

—Yo... yo... —A Ratado no le salían las palabras—. Yo no he dicho nada sobre que sea un ratón.

—Sí, lo has dicho. Has dicho: «Soy un **RATÓN** y el gato no me ha cazado».

Ratado lamentó haber hablado en voz alta antes. A veces le ocurría...

—De acuerdo... s... s... sí... lo soy.

—Pues yo pensé que eras un trozo de papel arrugado, por eso pasé de largo al verte —respondió el gato.

—Entonces... si no te parezco un ratón... —dijo Ratado—. Soy **PEQUEÑO** y sé correr, pero no puedo ver demasiadas cosas desde aquí abajo. Y como a ti no te parezco un ratón... —remarcó, y siguió hablando con el miedo todavía en el cuerpo—, ¿podrías ayudarme a encontrar la madriguera? Está en las paredes de una casa de color salmón rosado.

—Pero me acabas de decir que lo eres y quizás te coma. Nunca he probado un ratón blanco —dijo el gato.

—Mmmm... —A Ratado no se le ocurría nada para quitarle de la cabeza la idea de comérselo—. Cierto, soy un ratón, pero te aseguro que hay otros con mejor sabor.

—¿Y no son **BUENOS** los ratoncitos blancos? —preguntó el gato lamiéndose los bigotes.

—¡Oh, lo son, lo son! Pero no sé por qué, todavía no me ha comido ningún gato —se le ocurrió decir a Ratado.

El gato emitió un maullido sordo y lo cogió por la cola. Lo miró y, después de analizarlo, lo devolvió al suelo.

—**TE AYUDARÉ**. No creo que me siente bien comerte.

¿DÓNDE ESTÁ MI MADRIGUERA?

Al subirse a la espalda del gato, a Ratado se le escapó una carcajada nerviosa. ¡Estaba a lomos de un gato! ¡De un **GATO**! ¡Y de uno muy grande!

Todo el mundo que pasaba a su lado murmuraba que aquello nunca se había visto: ¡un ratoncito encaramado en el lomo de un gato! ¡Ni él se lo creía!

Pero estaba convencido de que era lo mejor que le hubiese podido ocurrir. ¡Desde allí arriba tenía más visibilidad y se sentía menos expuesto a los **PELIGROS** de la ciudad!

Tras recorrer decenas de parques y calles que el gato conocía de memoria, Ratado quiso bajarse de su espalda.

—La casa no aparece por ningún lado —dijo al poner las patas en el suelo.

—La ciudad es enorme, solo hemos recorrido treinta calles de más de diez mil —calculó el gato.

—**¿CÓMO? ¡¿DIEZ MIL CALLES?!** —se exaltó Ratado—. ¿Sabes lo que pasa? Yo pensaba que la ciudad era más pequeña... Así es imposible.

—¿Y adónde irás?

—Lo único que se me ocurre es volver a las cloacas...

—¿A las cloacas?

—Sí, los ratones hacemos vida allí.

—¡Ah! ¡Claro! ¿Y por qué no has entrado antes? —preguntó el gato.

—Porque lo más probable es que nunca haya recorrido las cloacas de esta zona de la ciudad...

La expresión de Ratado era de preocupación extrema.

—¡Ah, no hay problema! Si no te resulta familiar, vuelve a subir.

—Pero ya he infringido las normas una vez, no puedo bajar a las cloacas y volver a salir solo,

y menos de día —explicó Ratado, que se arrepentía de haber salido del alcantarillado y creía que, si lo volvía a hacer, tendría **PEOR SUERTE** y chocaría con otro gato que sí se lo comería.

—Yo te espero —dijo el gato—. Mira, tú baja, echa un vistazo y vuelve a subir para decirme si reconoces las cloacas.

A Ratado le pareció una buena idea. Al menos, si tampoco conseguía encontrar el camino por debajo de la ciudad, el gato le ayudaría como había hecho hasta entonces.

—Vale, gracias, **SEÑOR GATO**. Pero ¿por qué me ayudas tanto?

—¡Venga, va! ¡Baja antes de que me lo piense dos veces y cambie de opinión! —gritó el gato mostrando las garras afiladas y los colmillos puntiagudos.

Del susto, Ratado brincó y se encaminó hacia el alcantarillado a través de unas rejas que había junto el bordillo.

¿HAY... ALGUIEN... AHÍÍÍÍ?

Cuando llegó al mundo subterráneo, miró a todos lados para ver si aquellos túneles oscuros y húmedos le resultaban familiares.

Lo que más le llamó la atención fue el hedor a... cacas. Sí, un montón de **CACAS** diminutas cubrían todo el suelo.

—¡Ay, qué asco! —gritó.

Al levantar las patas notó que se le pegaban al suelo, como si acabara de pisar un chicle, y cuando se vio pringado de esa pastosidad maloliente no pudo evitar arrugar la nariz.

¡QUÉ NÁUSEAS!
¡VOY A VOMITAR!

Sintió ganas de vomitar y tuvo que pensar en el olor **EXQUISITO, DELICIOSO, CAUTIVADOR** de una *fondue* de quesos para aguantárselas.

Empezó a tener hambre de tanto pensar en el queso. Y se dio cuenta de que hacía muuucho raaaato que no comía y que las tripas le rugían.

Parecía como si en la barriga hubiera quedado atrapado un extraterrestre y le estuviera diciendo:

¡RATADOOO, HAMBRE,
RATADOOO, QUESO,
RATADOOO, COMER!
¡AHORA! ¡YA!

Pero, pese a las ganas de comer queso, tuvo que seguir con su misión:

ENCONTRAR EL CAMINO DE REGRESO A CASA.

El caso era que, como sospechaba, aquel tramo de cloacas le era totalmente desconocido. Se dijo en voz alta:

—¡Ratado, concéntrate!

Lo había comprobado. Si se hablaba a sí mismo cuando tenía miedo, el miedo... ¡puf! desaparecía. Normalmente le funcionaba.

—Ratado, concéntrate. Concéntrate. **¡CONCÉNTRATE!** ¡Mira si hay carteles!

Así lo hizo. Miró si había algún cartel colgado en las paredes, algún tipo de indicación o mapa que mostrara adónde conducían los caminos subterráneos.

Nada. Absolutamente **NADA**. Ni una indicación.

No sabía por qué, pero aquellas cloacas le daban mala espina. Presentía algo malo. Y eso, a Ratado, también le ocurría: cuando tenía un presentimiento, lo mejor que podía hacer era hacerle caso, porque, **SIEMPRE, SIEMPRE, SIEMPRE,** lo que presentía ¡acababa ocurriendo!

Preguntó:

—¿Hay... alguien… ahííííííí?

Él no veía a nadie, pero presentía que había mil ojos que lo observaban a escondidas entre la oscuridad.

¡ACHURRUBURRU-BURRUUUUUM!

La sensación de ser observado le provocó escalofríos de terror.

—Ratado, Ratado, sería mejor que volvieras con el Señor Gato —se dijo a sí mismo.

Pero al terminar de pronunciar esas palabras, su presentimiento se hizo realidad. Tenía mil ojos puestos en él. ¡Eran los ojos de un millar de cucarachas! ¡No! ¡Más de un millar! ¡Había **TANTAS** que no las pudo ni contar!

¡Las cucarachas habían aparecido de la nada y se le habían lanzado todas encima!

¡Apestaban horriblemente! ¡Producían el mismo hedor que las cacas-chicle!

Ratado intentó moverse bajo la supermontaña de cucarachas, pero tenía tantas encima que no pudo ni mover un dedo. Estaba totalmente paralizado y, entre la peste y que le resultaba imposible asomarse para coger aire, ¡no podía respirar!

Exclamó:

—¡Mmmg mmmg mmmg mmmg mmmg mmmg mmmmggggggg!

En realidad estaba diciendo:

—¡DEJADME SALIR DE AQUÍ!

Pero, así como no podía respirar, tampoco podía

modular bien la voz y hacer que las cucarachas lo entendieran.

Cuando ya creía que acabaría ahogándose del todo... y se decía que debería haberse quedado con el Señor Gato... y se repetía lo **RATATONTORRÓN** que había sido dejando la madriguera... y... y...

Un estornudo salió proyectado de su boca y, como aquel que recibe el impacto de una tromba de agua, las cucarachas salieron disparadas hacia atrás, todas empapadas de pies a cabeza con las babas de Ratado.

Si había algo en lo que no había pensado era que ¡tenía alergia a las cucarachas!

El segundo estornudo había salido aún con más fuerza y, esa vez, como si alguien hubiera pinchado un globo, Ratado salió disparado por los aires, y dio volteretas e hizo acrobacias antes de acabar chocando contra la pared de la cloaca.

Las cucarachas lo contemplaban boquiabiertas, con unos ojos redondos y atentos, absolutamente divertidas con la reacción alérgica de Ratado. Era como si estuvieran mirando la tele.

Pero Ratado no se lo estaba pasando nada bien. Tener **ALERGIA** significa estornudar, y estornudar, y estornudar, y estornudar, y estornudar, y estornudar...

Y tener tantos **MOCOS** que te caigan como cascadas de la nariz...

Y tener los ojos llenos de lágrimas, aunque no estés llorando...

¡Y tener muuuuucho **PICOR EN LA NARIZ**!

A las cucarachas esto les parecía tan extraordinariamente divertido que se echaron a reír agarrándose de la barriga y... ¡volvieron a lanzársele encima, una y otra vez!

Cuando Ratado estornudaba y ellas salían disparadas al aire, las cucarachas volvían a ponérsele encima, y así todo el tiempo. Para ellas, los estornudos de Ratado eran como la atracción de un parque temático.

—¡Mmmg! Mmmmmmmmg!

Ratado gritaba con todas sus fuerzas que pararan, que **¡BASTA! ¡BASTAAAAAA!**

Y cuando ya llevaban diez tíquets de entrada a la atracción superestornudodeRatado, en los que Ratado había estornudado diez veces y las cucarachas habían saltado por los aires también diez veces, de repente se oyó un chillido muy agudo y escalofriante y las cucarachas se retiraron sin que Ratado hubiera necesitado el poder del estornudo para quitárselas de encima.

¿ERES UN GIGANTE-CUCARACHA?

Aquello era muy sospechoso y Ratado enseguida quiso saber qué había pasado.

—¿QUÉ HACES TÚ AQUÍ? —preguntó una voz grave y potente que retumbaba como un trueno.

Ratado buscó al que le había lanzado la pregunta y se percató de que, justo en el centro del corro perfecto que habían formado todas las cucarachas, había una cucaracha enorme.

E-N-O-R-M-E

¡Ratado tuvo que mirarla dos veces, porque no se acababa de creer que aquella cucaracha fuera más gran-

de que él! ¡Al menos le sacaba dos cabezas! ¡Parecía el **GIGANTE DE LAS CUCARACHAS!**

Además, el gigante-cucaracha llevaba una especie de corona sobre la cabeza, una capa roja y un curioso bastón en el que apoyaba su peso.

Ratado dijo:

—Ratado, Ratado, no... no...

Quería convencerse de que no tenía miedo. Pero... la frase... había quedado a medias...

—**¡RESPONDE!** —mandó el gigante-cucaracha.

Ratado saltó del susto y, tal y como le ordenó, respondió:

—Es... es... estoy... estoy...

—Estás... —sugirió el gigante-cucaracha—. ¡Venga, habla! ¡O levantaré el bastón y mi **EJÉRCITO** de cucarachas te atacará las veces que hagan falta para que te quedes sin estornudos!

Ratado, que por nada del mundo quería que las cucarachas se le acercaran y le diera otro ataque de estornudos, se aclaró la garganta y dijo con un solo golpe de voz:

Como había juntado tanto las palabras al hablar, parecía que hubiera escupido la frase.

—¿Una madriguera? —preguntó el gigante-cucaracha, y miró al resto de cucarachas—. ¡Ja, ja, ja! ¡Dice una madriguera! ¡Ja, ja, ja, ja, ja!

Las risas estallaron dentro del alcantarillado.

—¡JA, JA, JA, JA, JA! ¡JO, JO, JO, JO, JO! ¡JU, JU, JU, JU, JU!

Parecía que a las cucarachas les hacía mucha gracia que Ratado estuviera perdido. Así es que preguntó, del todo descolocado:

—¿Por qué reís tanto? No hace ninguna gracia haberse perdido...

—¡Ja, ja! ¡No nos reímos de eso! ¡Ji, ji, ji!

—Pues... ¿de qué os reís, si no?

—¡JA, JA, JA, JA, JA!

A Ratado, sin quererlo, se le escapó una carcajada y empezó a reírse sin parar.

—¡Me habéis ¡jijijiiiiii! contagiado ¡jijijiiiiii! la risa ¡jijijiiiiii!

Era gracioso ver a Ratado riendo, porque cada vez que se le escapaba una carcajada, parecía RELINCHAR como los caballos.

Las cucarachas, que se habían dado cuenta de la risa única y especial de Ratado, se desternillaron de risa, como si Ratado hubiera pasado de ser una atracción a ser un PAYASO DE CIRCO.

En cambio, el gigante-cucaracha se puso serio inmediatamente y ordenó que pararan cortando el aire con el bastón:

—¡Basta! ¡Tú no estás invitado a reír, rata asquerosa!

A Ratado le dolió tanto oírle decir aquello que se le pasaron de súbito las ganas de reír.

—Pero... Papá Roach... —habló una de las cucarachas dirigiéndose al gigante-cucaracha—. Es un RATÓN, no una rata.

—¡Grrr! ¡Calla, calla, calla! *Shut uuuup!* Sea una rata o un ratón, ¡no es bienvenido!

Ratado, que los miraba con respeto, reparó entonces en que tenían un acento extraño, como si el castellano no fuera su lengua nativa.

—Roach... mmm... Roach.... ese nombre es INGLÉS —dijo en voz alta Ratado.

—Sí, somos cucarachas americanas. Venimos de muy

lejos... Nos quedamos aquí porque nos gusta la comida que hay —dijo la cucaracha que antes había asegurado que Ratado era un ratón.

—¿Cómo sabes que somos americanas? —preguntó muy sorprendido Papá Roach.

—En mi madriguera hay una ratamaestra que es americana y tiene el mismo acento inglés. Yo sé un poco: *My name is Ratado and I speak English*.

Las cucarachas del corro liberaron un espléndido **¡OOOOOOOOOOOOOH!**, como si hiciera mucho tiempo que no escucharan a alguien hablar en inglés.

—PAPÁ ROACH —siguió Ratado—, necesito encontrar mi madriguera. Se lo suplico.

Papá Roach negó con la cabeza y dijo:

—Pues aquí no la encontrarás. ¿Acaso no lo sabes?

NINGUNA RATA A LA VISTA

Ratado preguntó:

—¿Qué es lo que debería saber?

—¡Ja, ja, ja, ja! Que nuestra madriguera lleva más de cinco años sin que la pise **NI UNA RATA**.

—¿Por qué? —preguntó Ratado, sorprendido.

—¿De verdad no te ha llegado el rumor?

—No...

Y las risas estallaron de nuevo en las cloacas. Ratado empezaba a asustarse y tenía ganas de decirse a sí mismo:

«Ratado, **VETE**, ¡ve con el Señor Gato!»

Pero tragó saliva y dijo:

—¿Qué rumor?

—¡Las ratas son cobardes! —gritó una cucaracha del corro.

—¡Síííí, muy **MIEDOSAS!** —vociferó otra.

—Las ratas ya no han vuelto más desde el día que vinieron a nuestra madriguera y las asustamos. ¡Ninguna, de ningún sitio!

Ratado recordó cómo las cucarachas le habían asustado subiéndose encima cuando él había bajado al alcantarillado, y pensó que deberían haber hecho lo mismo con otras ratas.

—Solo tú te has atrevido a volver —dijo Papá Roach—. Debes de ser una rata... ejem, ejem... un ratón... muy valiente para tener el coraje de presentarte aquí.

Ratado se rio nervioso. Si le hubiera llegado el rumor de que en ese tramo de las cloacas vivían las cucarachas, no se le habría ocurrido bajar por nada del mundo.

—Entonces... si nadie me ha hablado de vosotros... —rumiaba en voz alta Ratado—, significa que mi madriguera está lejos de aquí.

—Exactamente —afirmó Papá Roach—. Todas las ratas del vecindario saben que **NUESTRA** guarida es solo **NUESTRA**.

Papá Roach lanzó una mirada desafiante a Ratado que le recordaba que no era bienvenido y que le animaba a marcharse.

Ratado lo vio como una oportunidad de, por fin, ¡volver con el Señor Gato! Pero de repente se oyeron unos pasos, más de un millar, y el **TAMPATANTÁN** de unos tambores que provenía de uno de los túneles oscuros del alcantarillado.

¡¿QUÉ OCURRE?!

Papá Roach gritó:

—¡Ya están aquí! ¡Todos a sus **PUEEEESTOS!**

Después de aquel grito, que hizo que los pelos finos y blancos de Ratado se erizasen de miedo, las cucarachas abandonaron el corro y salieron corriendo por todos lados. Se movían por aquí y por allá, cogiendo nosequé y profiriendo chillidos de pánico. Ratado no sabía adónde ir.

—¡¿Qué ocurre?! —preguntó preocupado.

Rápidamente, las cucarachas se apiñaron formando cuatro filas:

En la primera fila, las cucarachas sujetaban tirachinas y tenían al lado cestas **¡LLENAS DE CACAS!**

En la segunda fila, las cucarachas llevaban arcos y flechas en cuyas puntas había ¡bolas pastosas de **BARRO!**

En la tercera fila, las cucarachas cogían un pulverizador lleno del agua **CONTAMINADA** de las cloacas.

Y en la cuarta fila... las cucarachas se mantenían en el aire con las alas abiertas y un **PEDRUSCO** entre las patas.

Como las cucarachas habían cogido cacas, habían removido el agua sucia y habían hecho bolas de barro (¡si es que se podía llamar barro a la tierra verduzca y chiclestosa que se acumulaba en el fondo de las cloacas!), ¡ahí dentro costaba respirar del hedor que había!

Por un momento, Ratado tuvo que taparse el hocico con las manos. Aun así, ¡el tufo era imposible de detener!

—¡QUÉ TUUUUUUUFOOOO!

Dentro de las cloacas la luz era muy tenue. Solo se veía algo gracias a la que entraba a través de las rejas que comunicaban con las calles del mundo exterior. Así que Ratado tuvo que aguzar la mirada para poder perfilar quién se encontraba en el lugar hacia el que miraban las cucarachas, que estaban preparadas para vencer a su peor enemigo.

PREPARADOS, LISTOS, ¡YA!

—¡IDOS! —ordenó a gritos Papá Roach con los ojos encendidos de ira—. ¡Idos si queréis evitar una guerra!

Cuando acabó de hablar, Ratado vio al enemigo por primera vez: unas cucarachas que eran más o menos del tamaño de las otras, pero sin alas y negras como la noche más oscura.

Ratado preguntó por segunda vez:

—¡¿Qué ocurre?!

Y Papá Roach respondió:

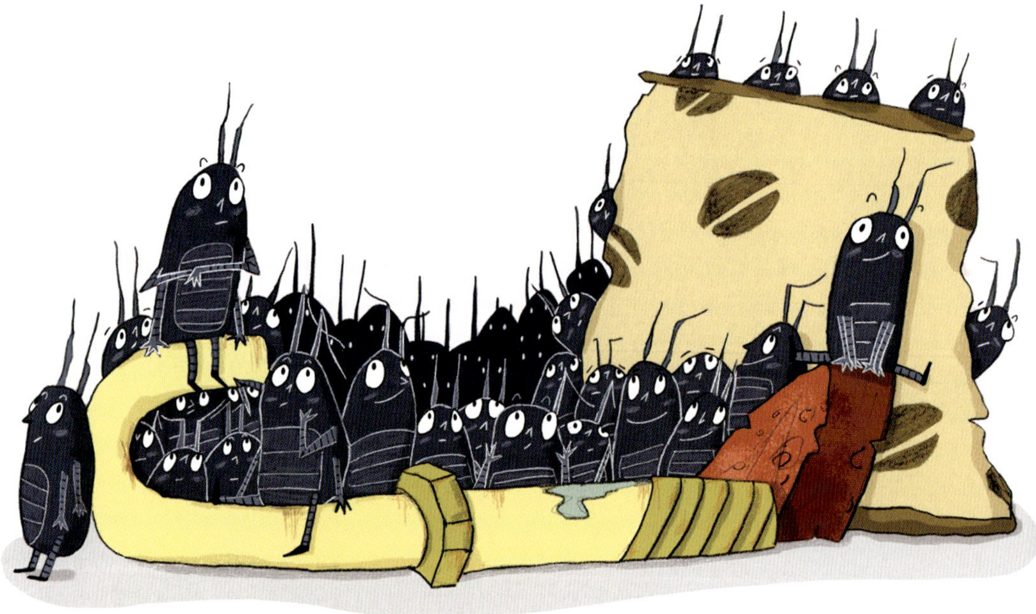

—¡ESCÓNDETE! ¡Apártate de aquí si quieres salir con vida!

Aquellas órdenes desquiciaron a Ratado, hasta el punto de que comenzó a andar en círculos entre los dos grandes grupos de cucarachas mientras decidía qué hacer.

—¡PREPARADAS! —gritó Papá Roach.

Las cucarachas reaccionaron al grito adoptando unas caras serias y concentradas y agarrando con más fuerza lo que tenían entre las patas.

—¡ADELANTE! Primera fila: tirachinas preparados, listos… ¡ya! —siguió Papá Roach con el bastón en el aire.

Ratado todavía caminaba en círculos y le daba vueltas a la idea de esconderse cuando las cucarachas de la fila número uno lanzaron con los tirachinas una primera tanda de cacas hacia las cucarachas invasoras.

¡Era increíble! Ratado, que estaba en medio como el jueves, tuvo que esquivar las bolas de caca para evitar salir... ¡untado hasta los bigotes!

Tuvo que hacer mil y una **ACROBACIAS** para sortear una caca que se dirigía directa a sus ojos.

Y, al esquivarla, tuvo que hacer mil y una más para procurar que las otras cacas que volaban por los aires tampoco le cayeran encima.

Ratado solo encontraba adjetivos surrealistas para describirlo de alguna manera, ¡porque era la primera vez que veía a alguien sacando provecho de sus propias cacas! La primera vez que veía cacas en otro sitio que no fuera el suelo o el fondo de un váter. Allí, las cacas volaban como quien hace una guerra de bolas de nieve.

¿Te lo imaginas? ¡Coger tu **CACA**, hacer una bola y echarla por los aires! ¡Uy!

Y, ¡todavía peor! ¡Que te caiga encima la caca de alguien! ¡Menudo ascazo!

Al encontrarse con ese panorama, Ratado tomó una decisión: esconderse detrás de la cuarta fila de cucarachas, junto a Papá Roach.

Desde allí lo veía todo.

—**¡ADELANTE!** Segunda fila: arcos preparados, listos… ¡ya! —ordenó Papá Roach.

Las flechas de bolas de barro describieron arcos perfectos mientras se dirigían a las cucarachas enemigas, que se movían nerviosas para poder esquivar aquel revoltijo de cacas y tierra podrida.

—¡ADELANTE! Tercera fila: pulverizadores preparados, listos... ¡ya! —volvió a gritar Papá Roach, con el bastón cada vez más arriba.

Las cucarachas con pulverizadores comenzaron a caminar hacia las cucarachas invasoras con la intención de rociarlas con el agua contaminada, pero... como el suelo estaba todo cubierto de barro y de cacas... patinaron como si estuvieran en una pista de hielo. Resbalaban tanto que acabaron cayendo todas de culo.

—Uy, uy, uy, uy. —Ratado estaba sufriendo.

Las cucarachas enemigas aprovecharon para avanzar pasando por encima de ellas como si tuvieran que atravesar un río y las cucarachas de tierra fueran un puente de piedras.

—¡ADELANTE! Cuarta fila: piedras preparadas, listas… ¡ya! —vociferó Papá Roach, esta vez con una voz más alarmante que antes.

Atentas a su grito, las cucarachas que sujetaban las piedras iniciaron el vuelo y las dejaron caer, una lluvia de piedras que, rápidamente, formaron una GRAN muralla que impedía que nadie pudiera avanzar.

Ratado no podía ver a través de la muralla, pero sí oía las palabras y el murmullo exaltado de las cucarachas enemigas al otro lado de la construcción.

—¿Y qué haréis ahora? —preguntó Ratado.

—Esperar —dijo Papá Roach.

LA ESPERA INTERMINAAAABLEEEE

La espera se hizo larga. Como si al otro lado tuviera que pasarle algo malo, nadie se atrevía a subirse al muro, ni tampoco traspasarlo. Además, el murmullo de voces se hizo cada vez menos sonoro y dio paso a un silencio incómodo.

—¿No deberíamos comprobar si se han ido? —preguntó una de las cucarachas a Papá Roach—. No nos quedaremos esperando eternamente tras la muralla...

—Están tramando algo —dijo Papá Roach, convencido—. Y lo que pretenden con su silencio es engañarnos para que destruyamos el muro. *They are very intelligent.*

Ratado, que las estaba escuchando, tuvo una **IDEA**.

—Mirad... y si...

—¿Qué quieres ahora? ¿Cómo es que todavía estás aquí? —preguntó Papá Roach mientras lo contemplaba con altivez.

—*Keep calm, keep calm.* Solo pretendo ayudaros —dijo Ratado.

—Este ratón parece mucho más **AMABLE** y cuerdo que las demás ratas, Papá Roach.

—Sí, Papá Roach, ¿y si escuchamos su propuesta?

Papá Roach protestó con un gruñido, pero apuntó a Ratado con el bastón:

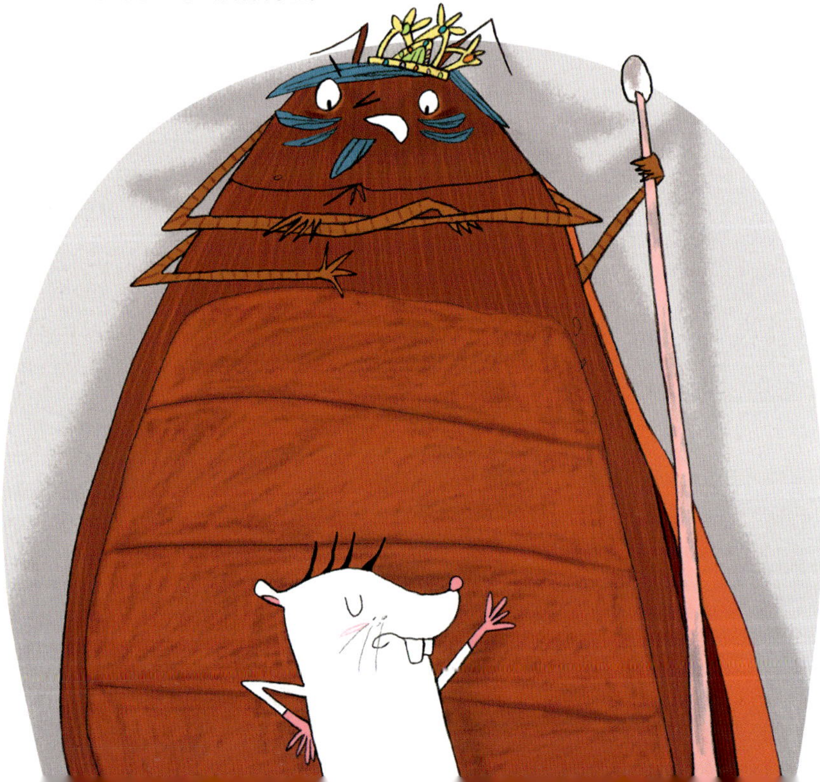

—Ya puede ser una gran idea, porque, si no, ¡ya sabes lo que te espera!

—Yo... pensaba que... como vosotros no os atrevéis a subir al muro... si queréis...

—¡Venga ya! ¡Ve al grano, que es para **HOY!** —ordenó Papá Roach.

—**RATADO, TRANQUILO. RATADO, RESPONDE** —tuvo que decirse a sí mismo Ratado, porque la impaciencia y la autoridad de Papá Roach lo acobardaban.

Las cucarachas se echaron a reír como si escuchar a Ratado hablando consigo mismo fuera algo así como un chiste.

—¡Basta! —gritó Papá Roach, y cuando levantó el bastón y mandó a las cucarachas que volvieran a sus posiciones, Ratado recordó que, si no cumplía con lo que le había pedido, las cucarachas se le arrojarían encima y lo dejarían exhausto después de una buena ración de estornudos.

¡ÉL NO QUERÍA ESO! ¡DEBÍA EVITARLO A TODA COSTA!

—¡¡Me-ofrezco-a-escalar-el-muro-para-averiguar-qué-ocurre!! —soltó de golpe antes de que las cucarachas se le echaran encima.

—¿Lo dices en serio? —preguntó Papá Roach muy sorprendido—. ¿Harías eso por nosotros?

Ratado afirmó con la cabeza.

—Soy muy **ÁGIL** trepando. Y si las cucarachas aún están... como yo no soy una cucaracha... probablemente no me vean como una amenaza.

—Quizás sí que había subestimado *your intelligence*, chico —dijo Papá Roach.

Ratado lo interpretó como una autorización y se acercó a la muralla. Se convenció de subir, pensando que aquella era la única manera que tenía entonces de salir ileso del enredo en el que se había metido. El presentimiento le decía que lo hiciera, que fuera valiente, que todo iría bien. Pero cuando escaló las piedras y ya casi había llegado a la cima del muro, un trozo del mismo se desprendió y Ratado quedó colgando de una pata.

—¡UUUUUUUUUUUUUUUUUYYYY!

Al mirar abajo, donde las cucarachas mostraban caras de terror, sintió vértigo y pensó que caería siguiendo el mismo camino fatal de las piedras.

—**TODO IRÁ BIEN**—se dijo, y pudo vencer el vértigo y agarrarse fuertemente al muro con todas las patas.

Una vez arriba, miró a las cucarachas y le pareció ridículo que les tuviera alergia, siendo ellas tan pequeñas como se veían a la distancia...

Y después miró al otro lado del muro. ¿Tendría razón Papá Roach cuando decía que las cucarachas invasoras seguirían allí, expresamente en silencio, a la espera de un **PLAN?**

¿¿ME ENTENDÉIS??

Efectivamente, las cucarachas negras seguían allí, en completo silencio. Ratado quedó petrificado. ¡ERAN TANTAS O MÁS QUE LAS OTRAS!

—¡¿Siguen allí?! —preguntó desde abajo Papá Roach.

Las cucarachas negras no parecían haberse dado cuenta de la presencia de Ratado en lo alto del muro. Parecían dormidas y Ratado no se atrevía a levantar la voz por miedo a despertarlas y delatarse.

—¡RESPONDE! —gritó impaciente Papá Roach.

—Ssssí… —susurró él.

—¡Grita un poco más! ¡No te oímos desde aquí abajo!

—¡¡SSSSÍÍÍÍÍÍÍÍÍÍÍÍÍÍ!!

Esta vez Ratado lo había dicho tan alto que el eco de su voz inundó el pasillo de las cloacas, pasando de un **SÍ** largo y enérgico a otro **SÍ** más suave y casi inaudible.

Sssssssssíííííííí

sssssssíííííííí

sssssssíííííí

ssssssíííí

ssssíííí

sssííí

ssíí

sí…

Tras el espectáculo sonoro, Ratado posó los ojos en las cucarachas negras con el temor de haberlas despertado, pero ya era demasiado **TARDE**. Todas lo miraban con unos ojos redondos y apremiantes. Y se pusieron a hablar en un idioma que no entendía.

—¡Hay muchas! —anunció Ratado a los cuatro vien-

tos, decidiendo qué hacer ahora que ya había cumplido con la **MISIÓN** de escalar el muro.

—¿Veis? ¡Están maquinando algo! —dijo Papá Roach.

—¿Y qué hacemos, entonces? ¿Las volvemos a atacar saltando la muralla? —preguntaron las cucarachas.

—¿Sabrías decirnos una **CIFRA** exacta, ratón? —preguntó Papá Roach.

—¿Que te diga cuántas hay?

—¡Sí! Nos iría bien saber si tenemos las de perder o las de ganar.

—Mmmmm...

Ratado hizo un esfuerzo por contarlas, pero había tantas que se perdían en la oscuridad más profunda de las cloacas.

—Son muchas **MÁS** que vosotras. Hay tantas que el río de cucarachas queda escondido en la negrura.

—*¡Crap! ¡Crap! ¡Crap!*

—¿Cómo dices? —preguntó Ratado.

Como Papá Roach gesticulaba mucho y ponía cara de enfado, pensó que debería estar quejándose en inglés.

—***¡CRAP!*** ¡No podemos hacer nada! Tendremos que retirarnos y migrar a una zona más segura.

—Papá Roach... —balbuceó Ratado.

—*¡Crap! ¡Crap! ¡Crap!* Coged las cosas. ¡Nos marchamos!

—¡Papá Roach!

—¡Crap! ¡Venga, rápido!

Las cucarachas hicieron caso a Papá Roach y se pusieron a **CORRER**, muy nerviosas, por todos lados.

—¡¡Paaaaaaaapááááááá Roooooooach!!

Paaaapááááá Rooooach

Paaapáááá Roooooach

Paaaapáááá Roooooach

Paaapááá Rooooach

Paapááá Roooach

Paapáá Rooach

Papá Roach...

Otra vez el eco inundó los pasillos interiores de las cloacas y Papá Roach y las cucarachas se detuvieron de repente, atentas a las palabras de Ratado.

—Yo no creo que tengáis que marcharos. Parecen **INOFENSIVAS**. Si lo hubieran querido, ya habrían escalado el muro y os habrían echado. No parecen tener la intención de querer atacaros.

—¿Y qué quieren, si no?

Ratado se dirigió a las cucarachas enemigas y se lo preguntó directamente:

Pero hablaban un idioma muy raro. Estaba seguro de que también eran extranjeras y que, al contrario de las cucarachas marrones, no hablaban **CASTELLANO**.

—No me entienden —anunció Ratado a Papá Roach, y después de mucho pensar, añadió—: Esperadme aquí. Bajaré para ver si encontramos una forma de comunicarnos.

Dicho y hecho. Ratado bajó decidido a entenderse con las cucarachas. Extrañamente, no tenía miedo; solo pasó un poco cuando estuvo abajo y las cucarachas le rodearon poniéndose a la defensiva.

—No temáis. No quiero haceros ningún daño —les dijo Ratado, pero como no lo entendían, optó por enseñar las manos en señal de **PAZ** y se arrodilló para darles la sensación de que era aún más pequeño e inofensivo.

Las cucarachas negras parecieron entenderlo, porque se le acercaron más relajadas.

—¿Qué queréis de nosotros? —volvió a preguntar Ratado, ayudándose de las **MANOS**.

Primero las señaló con los dedos; después, a modo de duda, puso las dos manos junto a su cabeza como si estuviera sopesando el aire; y, finalmente, se señaló a sí mismo.

Primero, las cucarachas negras trazaron un arco con los brazos, como refiriéndose al espacio de las cloacas, después hicieron ver que cogían algo del suelo y, finalmente, se pusieron esa cosa imaginaria en la boca y acabaron con las manos sobre el **CORAZÓN**.

—¡Ajá! ¡Así que era eso! —dijo Ratado, que con una ligera reverencia indicó que las había entendido.

Después utilizó las palmas de las manos para pedir que esperaran y, acto seguido, hizo caminar y saltar los dedos por el muro de piedras, se golpeó el pecho, señaló detrás de la muralla y abrió y cerró los dedos de las manos, a modo de boca.

¿HABÉIS ENTENDIDO QUÉ HE QUERIDO DECIIIIIIIR?

¡Muy sencillo! Que escalaría el muro, lo saltaría y se lo comunicaría a las cucarachas.

HABLANDO, SE ENTIENDE LA GENTE

Cuando Ratado hubo escalado de nuevo la muralla y se dejó caer al otro lado, en terreno amigo, todas las cucarachas se le acercaron muy entusiasmadas.

—¿Qué? ¿Qué? ¿Qué te han dicho?

Papá Roach se abrió paso entre las cucarachas hasta estar frente a Ratado.

—Me ha costado un poco... Son extranjeras, no saben hablar castellano y hemos tenido que comunicarnos con las manos —explicaba contento Ratado, porque habían logrado entenderse pese a hablar lenguas tan diferentes.

—Venga, muchacho. **¡VE AL GRANO!** —dijo Papá Roach, que se apoyaba en el bastón.

Ratado liberó un **SUSPIRO**: ¡qué impacientes eran las cucarachas!

—Resumidamente: aquí encuentran la comida que necesitan para vivir.

—¡¿Eso es lo único que sabes?! —dijo cabreado como una mona Papá Roach—. ¡¿Me estás tomando el pelo o qué?! Por supuesto que aquí hay buena comida, ¡pero que se vayan!

—Pero... ¿por qué? —preguntó Ratado muy desilusionado.

—¡¡¡Porque este es nuestro territorio!!!

Cuando Papá Roach levantó el bastón con la intención de liberar un grito de **RABIA**, las cucarachas se añadieron animadas.

—Papá Roach... ellas son muchas. ¿Con esto quieres decir que es mejor que nos vayamos?

Papá Roach miró con ojos de demonio a la cucaracha que acababa de hacer la sugerencia.

—*¡Crap! ¡Crap! ¡Crap!* Claro... ellas son más que nosotros.

—¿Y qué hacemos ahora? —preguntó otra.

—Tengo una propuesta —dijo Ratado—. ¿Y si compartís el espacio? Aquí hay comida para todas vosotras, para ellas y seguro que para aún más **FAMILIAS DE CUCARACHAS**.

—¿Compartir nuestra casa? —preguntó Papá Roach.

—Exacto. Ellas parecen cucarachas educadas y respetuosas. Y todavía no conocen la lengua... quizá se la podríais enseñar.

—No me dan ninguna pena, si eso es lo que pretendes —dijo Papá Roach.

—Vosotros también debisteis de tener una llegada **DIFÍCIL** y seguro que sabéis cómo se agradece que los demás te reciban y te ayuden con lo que se pueda, ¿no?

Aquella reflexión pareció ablandar el corazón de Papá Roach, que, pensativo, tenía la cabeza en otro lugar.

—Nosotros tuvimos suerte de encontrarnos con unas **LIBÉLULAS** que nos ayudaron cuando acabábamos de llegar —explicó la cucaracha que Ratado ya había bautizado como «la parlanchina».

—¿Ves? —dijo Ratado.

Papá Roach soltó un taco y finalmente acabó aceptando que las cucarachas derribaran la muralla de piedras.

¡HASTA LA PRÓXIMA, PAPÁ ROACH!

Si de algo estaba seguro Ratado era de que las cucarachas eran bastante sucias, impacientes y territoriales, ¡pero también muy **DIVERTIDAS**!

Y es que cuando las cucarachas negras se unieron a la familia de cucarachas marrones, todas ellas corrieron a organizar una fiesta de bienvenida donde no faltaba la comida, la bebida, la música y la diversión.

A Papá Roach se le veía más contento que nunca, gesticulando con las manos y enseñando las cloacas como quien muestra un **TESORO**. A Ratado le parecía que en aquella zona había demasiada hedor y suciedad, pero si eso las hacía felices...

Todas las cucarachas agradecieron a Ratado su ayuda haciendo una gran **CAMA** de cucarachas y aupándolo bien arriba. Lo alzaban y volvían a cogerlo, lo alzaban y volvían a cogerlo.

Ratado lo pasaba un poco mal, porque cuando caía encima de ellas, le venía un **ESTORNUDO**, y otro, y otro, pero eso a ellas les divertía. Quizá pensaban que Ratado estaba haciendo payasadas, y no que tenía un ataque de alergia. La cuestión es que él no dijo nada. Sabía que lo hacían de buena fe y que aquello formaba parte de la celebración.

Antes de regresar al mundo exterior, Papá Roach levantó el bastón y todas las cucarachas rodearon a Ratado para cantarle la ***ROACH DANCE*** adaptada al castellano. Las que sabían la letra la cantaban, las que no, la bailaban:

El baile de las cucarachas dice así:
Pon un pie y ahora el otro,
venga, vuelta, vuelta, vuelta,
y ea, ¡salta, salta, salta!
El baile de las cucarachas dice así:

Pon un dedo y ahora el otro,
venga, vuelta, vuelta, vuelta,
y ea, ¡salta, salta, salta!

¡Y es que la *Roach Dance* era de lo más bailable!

¡NOS PERSIGUE UN PERRO!

Ratado salió del alcantarillado por el mismo lugar por donde había entrado y se encontró con un primer plano

de la cara del gato. Le sorprendió que siguiera allí, y más aún verlo saltar por los aires con la espalda arqueada.

—¡QUÉ FLEXIBILIDAD!

—¡¿Era necesario que me asustaras de esa manera?! —refunfuñó el gato.

—No era mi intención, eras tú el que estaba amorrado a la alcantarilla.

—Es que has tardado mucho —se justificó el gato restándole importancia, y le preguntó curioso—: ¿Has encontrado el camino de regreso a casa?

—No —negó Ratado muy pensativo.

—¿Y por qué has tardado **TANTO?** Pensaba que lo habías encontrado y que por eso no salías.

—¡Achuuuuuuuuuuuuuuuuuuuuum! —estornudó Ratado, y después de frotarse la nariz, dijo—: ¡Me liaron las cucarachas!

—¿Cucarachas? —preguntó el gato. Y se sentó en la acera para escuchar la aventura inesperada que Ratado había vivido en las cloacas.

—Vaya, ¡achuuuum!, que no he podido irme en paz hasta haberlas ayudado, ¡achuuuum!

—Ah, ahora lo entiendo todo... —meditó el gato mientras se acariciaba los bigotes.

Ratado se dio cuenta de que el gato estaba muy callado y que entrecerraba los ojos como si tramara algo, pero justo en ese momento un **PERRO** callejero se puso a ladrar al otro lado de la acera y el gato, alarmado, se volvió enseguida.

—¡Sube! —mandó a Ratado.

Y Ratado respondió rápido a la orden del felino subiendo a su lomo.

El gato tuvo que correr, y correr, y correr, y pasar por debajo de las piernas de la gente, y atravesar calles enteras, y esquivar coches, y saltar por encima de cajas de fruta, y dejarse salpicar por un surtidor de agua, y atravesar matorrales, y finalmente saltar un muro alto de piedra para dejar al veloz perro bloqueado en el punto donde se levantaba la **BARRERA**.

Mientras subían, Ratado chilló y tuvo que agarrarse fuerte a las orejas del gato para no caerse. ¡Nunca había pasado tanto **MIEDO**, ni cuando los ratacompañeros querían arrancarle los bigotes! ¡Todo él temblaba de tanta adrenalina!

SÍ, NO, SÍ, NO, SÍ, NO...

—Mira qué ridículo se ve desde aquí arriba —dijo el gato lamiéndose una de las patas delanteras—. Mientras no nos marchemos estará un buen rato allá abajo, ladrando y dando vueltas. Cree que todavía tiene la oportunidad de atraparnos.

—¡Qué pasada! **¡QUÉ PASADA!** ¡Achuuuum! ¡¿Cómo escalas tan rápido?! —exclamó Ratado al bajarse de su lomo. No acababa de creerse que todavía estuvieran **VIVOS**.

—Son muchos años de experiencia. Ya te había dicho que conmigo estás seguro.

—¡Ya lo veo, ya lo veo! ¡Qué ágil eres!

—Oye, ¿y por qué no vivimos juntos más aventuras como esta? —le propuso el gato.

—¿Qué quieres decir? ¡Achuuuuuum! ¿Tener que escapar de más perros?

—Sí y no —respondió el gato poniendo ojos de juguetón—. Antes de que nos sorprendiera el perro, cuando me has contado cómo ayudaste a las cucarachas… estaba pensando en que quizá podríamos formar un **EQUIPO** ahora que te has perdido. ¡Piénsatelo! Tú eres listo, yo soy rápido. ¡Seríamos los justicieros de la ciudad! Solo habría que buscar un nombre, y una indumentaria, y...

—¡Para, para, para! —le hizo callar de repente Ratado, que se movía nervioso de un lado a otro del muro—. ¡Yo quiero volver a mi madriguera! ¡Achuuuum! Te lo he dicho antes, que yo tengo normas, que no puedo estar en la calle. Yo no debería estar aquí. ¡Achuuuum! ¡Me gusta mucho mi madriguera!

—Pero te has perdido y ya no puedes volver atrás. Ahora solo somos nosotros dos. Además, seguro que tus **PADRES** te estarán buscando y tarde o temprano te encontrarán.

Cuando el gato nombró a sus padres, Ratado se sintió aún más solo y **ABATIDO**.

—A mis padres... se los llevaron unas personas vestidas de blanco, dentro de una caja de cartón, y hace tiempo que vivo solo... —explicó Ratado con un hilo de voz.

—Vaya, lo siento —dijo el gato, que se le acercó y lo lamió entre las pequeñas orejas.

Ratado lo miró de reojo, extrañado.

—¿Dónde se ha visto un gato **LAMIENDO** un ratón?

Sin preverlo, los dos se echaron a reír.

—¿Y dónde se ha visto a un ratón pidiendo ayuda a un gato? —preguntó el gato, y todavía se rieron más fuerte.

Luego miraron al perro. Seguía ladrando en bucle. Y se echaron a reír más y más.

—Oye, ¿por qué no buscamos a tus padres? —preguntó de repente el gato, aún con una sonrisa en los labios.

—¡Achuuuuuuuuum! ¿Lo dices en serio?

Ratado nunca había valorado la opción de buscarlos, porque tenían normas, y buscarlos quería decir romperlas. Y nunca hubiera querido romper las normas. Seguirlas al pie de la letra lo hacía sentirse a gusto y seguro.

—¿Y las normas? —preguntó Ratado despavorido.

—Ya te has saltado algunas... ¿no? ¿Cuántas tenéis?

—**CINCO**.

—¿Cuáles son?

—No alejarse de la madriguera. ¡Achuuuum! No gritar si te ven. ¡Achuuuum! No salir de día. ¡Achuuuum! No caer en trampas de queso y… y… ¡Achuuuuuuuuum! No acercarse a los gatos.

Mientras enumeraba las normas, Ratado maldecía la alergia. ¡Hacía tiempo que no le daba tan fuerte! Normalmente se le pasaba cuando se alejaba de las cucarachas, y si eso no servía, ¡el queso era el único **ANTÍDOTO** que le funcionaba contra los estornudos!

—¡Uy, pero tú ya te has saltado cuatro de las cinco! ¡Te has alejado de la madriguera, y de día! Y antes te he oído gritar cuando has visto al perro y cuando hemos escalado el muro —dijo el gato, que no prestaba atención a los estornudos de Ratado—. Y… lo más importante… ¡estás hablando con un gato que tienes al lado mismo!

—Quizá tengas razón... —meditó Ratado—. Solo falta saltarme la norma de las **TRAMPAS DE QUESO**.

—¿Y te ha pasado algo malo por saltártelas?

—¿Si me ha pasado algo malo? ¡Achuuuum! ¡Por supuesto! ¡Achuuuum! ¡Que casi me come un perro!

Y otra vez risas y más risas.

—¿Lo ves? ¿Te estás riendo? —dijo el gato.

—¿Y qué? Me río porque todo es absurdo.

—Sí, quizá tengas razón. Las normas están para cumplirlas, pero ahora ya te has perdido.

Puedes volver al alcantarillado y seguir las normas solo o bien vivir unas nuevas normas aquí, conmigo, ¡y encontrar a tus padres!

De repente, el gato se descolgó por el otro lado del muro hacia un callejón oscuro y estrecho lleno de **BASURA**. Al final del callejón se veían a las personas y los coches pasar, y Ratado sintió un gran vacío al separarse del gato.

—¿Adónde vas? —preguntó con miedo a que le dejara solo sobre el muro, lejos de cualquier alcantarilla.

—Ya verás, baja —respondió el gato.

¿ASÍ SERÉ UN HÉROE?

Ratado encontró un tubo cerca del muro, corrió hacia él y bajó deslizándose hasta caer de culo en el suelo.

—Qué divertida manera de bajar por una tubería —apuntó el gato.

Los ratacompañeros siempre se habían reído de él cuando lo había hecho dentro de las cloacas. Le gustó que el gato lo encontrara divertido y se le acercó con **CHISPAS DE FELICIDAD** en los ojos.

Pero, en cuanto estuvo a su lado, el gato entró en un contenedor de basura.

—¿Qué estás tramando?

—¿Estás listo? —preguntó el gato asomando la cabeza desde dentro del contenedor y empezando a lanzar cosas de la basura hacia Ratado—. ¡Cógelos!

Ratado hizo lo que pudo para **CAZAR** al vuelo todo lo que le lanzaba: una chapa con aguja imperdible, una servilleta de tela, unos cordones de zapato y un envoltorio de regalo.

—¡Achuuuuuuuuum! Pero… ¡¿para qué quieres todo esto?!

El gato salió del contenedor y le indicó que lo dejara todo en el suelo.

—¡A ver… mmm… ¡este pañuelo es muy chulo! —gritó el gato mientras lo cogía y lo miraba con detalle.

—Es una servilleta, Señor Gato.

—Da igual, ¡es genial!

—Bueno, sí, es muy vistosa —dijo Ratado.

Y después de observarla con más detalle, se fijó en que, entre los dibujos de unas nubes blancas había una frase:

—*Enjoy your meal*, dice. Diría que «*enjoy*» se traduce como «disfruta», pero no recuerdo qué significa «*meal*»…

—¡Lo ves! ¡Es perfecto! Además, tiene un **BONITO** mensaje.

—Supongo que sí… —dijo Ratado poco convencido—. *Meal*… *meal*… mmm... es que me suena mucho. *Enjoy your meal*… *Enjoy your meal*… ¡Qué rabia! ¡Lo tengo en la punta de la lengua!

El gato fue espabilado, porque aprovechó el momento de distracción de Ratado para colocarle la servilleta sobre la espalda.

—Sujétala de las puntas alrededor de tu cuello —le pidió el gato.

—¡Achuuuuum! ¿Qué pretendes...?

El gato sacó las garras, cogió las puntas de la servilleta y, con un movimiento ágil, las unió en un nudo perfecto.

—¡Aquí lo tenemos! ¡El **VESTUARIO OFICIAL** de SuperRatado!

En un santiamén, el gato le había confeccionado una capa de héroe.

—Eh, para, para, para, que veo por dónde vas —dijo Ratado, que intentaba quitarse la capa por la cabeza.

—Por favor, Ratado, déjatela puesta. ¡Te queda muy bien!

—¡¡¡Señor Gatoooo!!! ¡Achuuuum! ¿No habíamos quedado en que buscaríamos a mis padres? ¡Achuuuum! Yo no quiero ser un héroe...

—Pero piénsalo bien: el **CAMINO** será largo y, posiblemente, durante la búsqueda nos encontraremos con aventuras como la de las cucarachas.

¡Cola!

—No, no y no. No me convencerás.

—Escucha, escucha. ¿Qué daño hace que ayudemos a los demás? Tú tienes un don especial. Eres el primer ratón que conozco que se presenta diciendo que es un ratón. Esto solo lo hacen los ratones valientes, estoy seguro.

—¡Estaba pensando en **VOZ ALTA!** ¡No ha sido expresamente! ¡Achuuuuuum! ¡¡Y eso no significa que tenga que exponerme a peligros en cada esquina de la ciudad!!

—¿Peligros? —preguntó el gato—. ¡Al contrario! Si vas de SuperRatado, todo el mundo te tendrá más respeto. ¿No lo ves? ¿Quién querría enfrentarse a un superhéroe?

Ratado dio una vuelta completa y la capa ondeó al viento. Le parecía que le quedaba bien y, además, que igual sí se sentía más protegido...

¿Sería **SUPERRATAAAADO?**

SUPERESTORNUDODERATADO

—Pero... ¿qué poder tengo? ¡Achuuum! ¡Los superhéroes tienen uno! ¡Achuuurruburruburruburruuuuuuuum!

De repente, Ratado estornudó con más fuerza que nunca en la cara del gato, que perdió el sentido de la vista unos instantes porque los mocos de Ratado se le quedaron pegados a los párpados.

—Sí, tienes un poder —dijo una voz aguda y llamativa que a Ratado le sonó haberla oído antes—. ¡El poder **SUPERESTORNUDODERATADO!**

—¿Quién anda ahí? —preguntó el gato con los ojos todavía embadurnados de moco y tocando a tientas a sus alrededores.

—Aquí, aquí —sonó de nuevo la voz aguda.

Ratado, al reconocer la voz, miró al suelo hasta encontrar quién lo había dicho. ¡Era la misma cucaracha que dentro de las cloacas había lanzado todo un repertorio de preguntas a Papá Roach! **¡LA PARLANCHINA!**

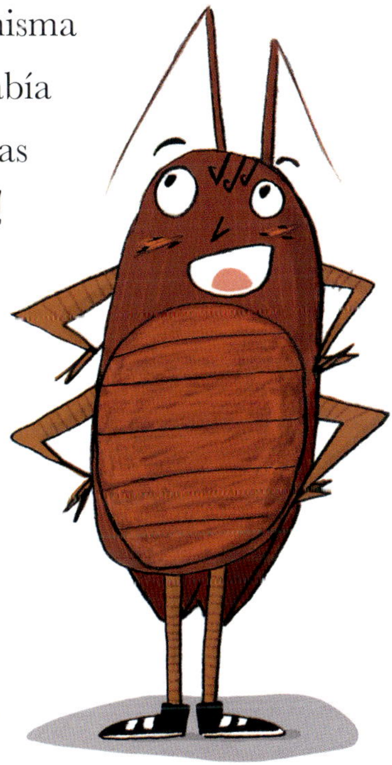

—¡Cómo has llegado hasta... ¡achuuuuum! —Ratado no entendía cómo había llegado hasta allí.

—¡Muy fácil! ¡Me he enganchado a tu espalda cuando ha terminado la fiesta! ¡Y lo he visto **TODO!** ¡Cómo me ha subido la adrenalina! Casi me caigo, porque tienes un pelaje tan fino y suave... Suerte que es espeso y he podido esconderme debajo.

—¡Ah! ¡Entonces era por eso que estornudabas tanto! —le dijo el gato a Ratado, que ya veía bien y se sentaba frente a la cucaracha.

—¿Y por qué te has enganchado a mi espalda? —preguntó Ratado.

—Me has caído bien —respondió la cucaracha.

—¿¿¿Solo por eso??? ¿Qué sentido tiene?

—Me has caído bien… —repitió ella— y me resultas interesante.

El gato utilizó la pata para mover la cucaracha de un lado a otro y después de jugar se dirigió a Ratado:

—¿Quieres que me la coma?

—**¡NO, SEÑOR GATO!** ¡No te la comas!

—¿Y qué quieres hacer? Tú le tienes alergia…

La cucaracha caminó agitada entre las patas del gato y escaló por su cuerpo. Una vez arriba, se puso a correr por entre el pelo negro y el gato empezó a moverse con espasmos, ¡a saltar y a reír sin freno!

La cucaracha finalmente se detuvo sobre una de las patas delanteras del gato.

—Este será mi sitio mientras nos desplacemos —anunció emocionada—. Y cuando alguien se atreva a enfrentarse a SuperRatado lo primero que recibirá será el **SUPERESTORNUDODERATADO**.

—¿Y cómo lo haremos? —preguntó Ratado.

Se sentía mucho mejor desde que la cucaracha se

había bajado. Ya no le picaba la nariz, ni tampoco le lagrimeaban los ojos, ¡ni tenía estornudos!

—El gato me cogerá y me pondrá delante de tu nariz. Es así como te provoco alergia, ¿no?

—Bueno, sí… Si te huelo de cerca o te toco.

—Pues… o eso o saltaré sobre tu cabeza solo un momento para activar el SUPERESTORNUDO.

—No me gusta mucho la idea de que vaya subida a mi pata —dijo el gato—, pero, mirándolo bien, el SUPERESTORNUDO me ha dejado sin ver un buen rato y nos puede salvar de algún peligro.

—¿Lo decís en serio? Un ratón, un gato y una cucaracha... ¿Dónde se ha visto? ¡Esto es el juego de los disparates! —gritó Ratado.

—¿Pero tú quieres o no quieres encontrar a tus padres? —preguntó el gato.

—Sí… **¡CLARO QUE QUIERO!**

—Pues creo que así lo conseguirás.

Ratado se puso a andar nervioso por el callejón. Iba de aquí allá, arriba y abajo, con las manos enlazadas tras la espalda. Meditaba si tenía otra alternativa, pero, como decía el gato, la ciudad era demasiado grande para evitar imprevistos como el de las cucarachas. Estaba convencido de que encontraría muchos más, ¡e incluso algunos más difíciles y **PELIGROSOS!** La idea le estremecía, aunque le tranquilizaba saber que iría acompañado del Señor Gato y la cucaracha.

—¿Y cómo os llamáis? —preguntó de repente Ratado al darse cuenta de que no sabía sus nombres.

—Ah, sí, claro, todavía no me he presentado —dijo el gato mientras se lamía la pata y se la pasaba por detrás de la oreja—. Me llamo **MISHU**.

—¡Qué monada de nombre! —gritó eufórica la cucaracha.

Mishu paró de lamerse, le bufó y le dio la espalda:

—¿Y quién te lo puso? —preguntó Ratado.

—Un humano.

—¿Un humano? —le preguntaron al unísono la cucaracha y Ratado.

—Sí...

—¿Vives en una casa? —se interesó la cucaracha.

—No, ya no. El humano se hizo viejo y... —Mishu se quedó en silencio y gruñó, y se dirigió a la cucaracha—. ¡Ahora **NO TOCA** hablar de eso! Ratado solo nos ha preguntado cómo nos llamamos.

—¡Exacto! Bien… y… ¿cómo te llamas, cucaracha? —preguntó de nuevo Ratado para reconducir la conversación.

—Nosotras las cucarachas no tenemos nombre. Solo Papá Roach.

—Pues tendremos que ponerte uno —dijo Ratado.

—¡¿Eso significa que sí?! ¡¿Que habrá SuperRatado y **SUPERESTORNUDO**?! —preguntó Mishu, ahora del todo exaltado.

—Eso significa que lo probaremos y que depende...

—¡Sí, sí, sí, síííííííííí!

Mishu cogió de las manos a Ratado y a la cucaracha y se puso a **BAILAR** en círculos. Ratado pensó en que era la primera vez que le veía tan feliz desde que se habían conocido y no sabía si era porque viviría nuevas aventuras o porque tenía nuevos amigos.

AQUÍ COMIENZAN LAS AVENTURAS DE RATADO

Porque... **¿ERAN AMIGOS?**

Ratado no sabía responder a la pregunta, pero lo cierto era que le encantaba saltar y bailar con alguien que lo respetaba y le transmitía alegría. Y pensó que, si todavía no eran amigos **OFICIALES**, quizás lo acabarían siendo algún día.

Mishu paró de hacerlos saltar y bailar en círculos y observó a la cucaracha:

—¡Eh! Creo que también puede ser útil el ataque de cosquillas. Quiero decir... eso que has hecho de saltarme encima y recorrerme el cuerpo. ¡No podía aguantar las ganas de reír!

—Mis compañeras llaman «tickling ruli» al hecho de hacernos **COSQUILLAS**.

—Pues quizás podríamos utilizar esas palabras secretas cuando necesitemos tus cosquillas —dijo Mishu.

Ratado se rascó el mentón peludo y levantó un dedo:

—¡Ya lo tengo! ¿Y si te llamamos Ruli?

A la cucaracha le brillaron los ojos:

—Me tienes que prometer una sola cosa, Mishu —dijo Ratado muy serio—: que mientras seamos un equipo no comerás ratones ni cucarachas.

—Ni ratones, ni cucarachas. ¡Esto está hecho!

—Entonces, ¿ya está? ¿Podemos empezar a buscar a tus padres? —preguntó Ruli con un entusiasmo contagioso.

—Bien, parece que sí, ¿no? —dijo Ratado un poco nervioso.

—¡Ea, pues! ¡Adelante! ¡Aquí empiezan **LAS AVENTURAS DE SUPERRATADO!** —dijo Mishu, feliz como una lombriz.

Ratado y Ruli se miraron y sonrieron.

—¡Eh! Pero falta algo... —dijo Ratado.

Corrió directo hacia el envoltorio de regalo que Mishu había sacado de dentro de la basura, despegó una **PEGATINA** de una cara sonriente y la enganchó de nuevo, esta vez en el pecho de Ruli. Luego cogió uno de los **CORDONES** de zapato y le pidió a Mishu que se agachara para que pudiera atarle al cuello como si fuera un collar.

—¡Ahora sí! —gritó eufórico Ratado mientras escalaba al el lomo de Mishu y Ruli se cogía a la pata del gato tal y como habían quedado—. ¡¡¡Aquí comienzan las aventuras de Ratado y sus **AMIGOS**!!!

Cola

¡Presiento que la
próxima aventura
será aún más
ratadivertida!
¡Presentimiento
de Ratado!

EL ESPACIO DE PU

¡¡EY!! ¡Si pensabais que ya había terminado, tengo que deciros que el juego acaba de empezar! Te he preparado unos «pasatiempos», como dicen los humanos, a partir de la primera aventura de Ratado. **¡¡¡VAMOS ALLÁ!!!**

¿TE ATREVES A DIBUJAR... A RATADO?

1. Dibuja un cuadrado, un óvalo y un triángulo pequeño a cada lado del cuadrado. ¡Traza una línea fina para hacer la cola!

2. Traza un arco bajo el cuadrado para hacer las piernas. Utiliza los triángulos para dibujar los brazos y da forma a la cara con la ayuda de una curva más pequeña. ¡Ah! Y dibuja una línea curva discontinua que atraviese el óvalo: te servirá para situar los dos círculos que representarán los ojos.

3. Ahora toca definir mejor la cara. Dibuja dos círculos en la línea discontinua para hacer los ojos y las cejas. Marca la sonrisa, traza dos dientes rectangulares y dibuja unas orejas redondeadas y una nariz también redonda. ¡Recuerda trazar los bolsillos y el botón del pantalón!

4. Haz tres puntitos cerca de la sonrisa y haz que de ellos salgan tres líneas rectas: ¡son los bigotes! Después dibuja otras cuatro líneas más gruesas y curvas a la altura de la cabeza para definir el cabello. ¡Eh! ¿Te has fijado en que la cola se forma con dos líneas que se juntan en una punta y en que está toda rayada? ¿Y que en cada pierna hay tres rayas? ¿Y que los ojos tienen un puntito de pupila?

5. ¡Ya falta muy poco! Dibuja dos líneas curvas que salgan de la altura de los brazos y haz que se unan en medio del cuadrado. Después, dibuja la capa detrás de la espalda: ¡tendría que pasar por debajo de la cola!

6. Repasa con un bolígrafo el dibujo definitivo y borra las líneas sobrantes. ¡Y ya solo faltan los colores! Recuerda pintar nubes blancas en la capa y escribir el mensaje *Enjoy your meal*.

¡Me encantará recibir tu dibujo en gemmabrieautora@gmail.com!

1

2

3

4

5

6

TEST

¿ERES UN SUPERHÉROE?

Ahora que ya sabes por qué Ratado se ha convertido en un superhéroe, quizá te preguntes si tú también podrías ser uno. ¡Responde las preguntas para averiguarlo!

1. Si alguien te pide educadamente que le prestes tu juguete preferido, ¿se lo dejas?

- **a** ¡NO, NO y NO! ¡Ni hablar!
- **b** Sí, pero con condiciones...
- **c** ¡Sí, sin duda!

2. Cuando tienes miedo...

- **a** ¡Tengo miedo y no puedo pensar en nada más!
- **b** Intento pensar en otra cosa para distraerme.
- **c** ¿Miedo? ¡Yo nunca tengo miedo!

3. Un familiar te pide que lo ayudes con una tarea muy importante para él. ¿Qué haces?

- **a** No tengo tiempo para nada ni para nadie, ni para un familiar.
- **b** Si después me hace un regalo, lo ayudo. Si no, no.
- **c** Si puedo, intento ayudarlo.

4. ¿Tienes presentimientos?

- **a** ¡Nunca!
- **b** Sí, a veces, pero nunca les hago caso.
- **c** ¡Sí, y siempre intento hacerles caso!

5. Cuando tienes un problema...

- **a** No se lo cuento a nadie y hago como que no existe.
- **b** Intento resolverlo sin pedir ayuda a nadie.
- **c** Lo comparto y, si es necesario, pido ayuda para resolverlo.

6. En una conversación...

- **a** Siempre soy yo quien habla.
- **b** Intento escuchar, ¡pero a veces la impaciencia me gana!
- **c** Respeto los turnos de palabra.

7. Si alguien te pide un favor...

- **a** Se lo hago, aunque me meta en problemas.
- **b** No lo acepto para evitar problemas.
- **c** Escucho su propuesta y valoro si puedo ayudarlo.

8. Cuando llegas y te vas de un sitio donde hay más invitados...

- **a** Poco me importa quien haya. ¡Yo nunca saludo!
- **b** Dependiendo de la confianza que tenga con los invitados, los saludo o no.
- **c** Yo siempre digo hola y adiós.

9. Te han dado la nota de una prueba...

- **a** Si es una buena nota, presumo con todos; si es una mala nota, me enfado y no le digo nada a nadie.
- **b** Tanto si saco una buena nota como si saco una mala, me quedo indiferente.
- **c** Si es una buena nota, me alegro mucho y comparto la noticia con quien me valora; si es una mala nota, lo siento, pero igualmente la comparto con quien me quiere.

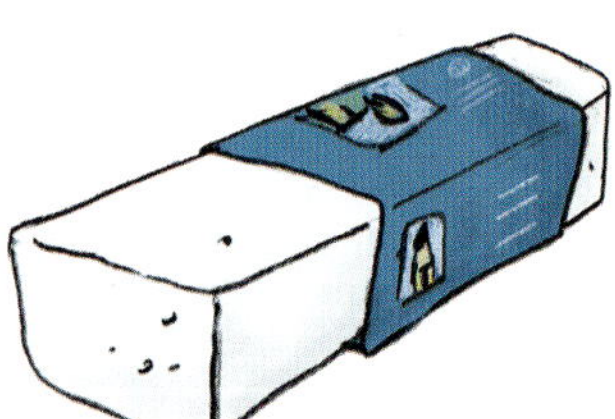

10. Alguien te dice que eres muy bueno en algo. Tú le respondes:

- (a) ¡Sí, ya lo sé! ¡No me gana nadie en esto!
- (b) ¿Seguro? Si no tiene nada especial...
- (c) Ah, ¿sí? ¡Gracias!

¡ENHORABUENA! ¡Has llegado al final del test!

¡Comprueba los resultados!

SI HAS MARCADO MÁS CASILLAS (a)

Tengo la sensación de que te han dicho más de una vez que hay que saber escuchar... Si es así, ¡¡todavía estás a tiempo de aprender a ser un superhéroe!!

SI HAS MARCADO MÁS CASILLAS (b)

¡Muy bien! ¡¿Sabes que te falta muy poco para ser un superhéroe?! Si crees un poco más en ti y en tus aptitudes, ¡¡seguro que lo conseguirás muy pronto!!

SI HAS MARCADO MÁS CASILLAS (c)

¡Felicidades! ¡Eres un superhéroe muy valiente! ¡Te mereces una capa como la de Ratado! Pero ten cuidado: a los héroes a veces les cuesta entender que nunca nadie es perfecto, ¡ni tampoco ellos mismos!

RECUERDA QUE...

1 Siempre es mejor arreglar las cosas sin llegar al conflicto. Escuchar lo que el otro tiene que decir es muy importante en una conversación.

2 El lenguaje de signos permite comunicarse con las personas con problemas de audición o de comunicación verbal y, como las lenguas, ¡¡se puede aprender!!

3 Hay una frase hecha que se dice cuando dos personas no se llevan bien: «se llevan como el perro y el gato». Pero seguro que has visto o conoces a un gato y un perro que son inseparables. ¡La amistad entre animales distintos no es tan extraña y puede convertirse en una relación preciosa!

4 En las ciudades hay varios tipos de cucarachas. Las americanas, como la familia de Papá Roach, son las únicas que pueden volar. Y, junto con las orientales, son las que encontramos en el alcantarillado.

5 La alergia puede provocar estornudos y también mocos, lágrimas y otros efectos más graves. Por eso, si tienes alergia, ten mucho cuidado y evita lo que te la produce. ¡Hay tantos tipos de alergias! Hay quien tiene alergia a algunos alimentos, como los huevos o los frutos secos, el polen, el polvo, el humo, los animales...

6 Es muy importante informar a las personas con las que tienes confianza de las actitudes que te molestan, así como rodearte de personas que sí que te valoran. ¡¡Las buenas amistades son para toda la vida y puedes encontrarlas donde menos te lo esperas!!

GEMMA BRIE

Escritora, editora, maestra, amante de los quesos, aficionada a las artes y, por encima de todo, ¡una auténtica enamorada de la naturaleza y los animales! ¡Por sus manos han pasado más de una treintena de gatos, más de cinco perros y una tortuga acuática! Aun así, lo que más le gusta es verlos en libertad. Y es que se pasaría horas observándolos en su hábitat natural. Como con eso no tiene suficiente, los ha querido recrear, también, en sus historias fantásticas. Le podéis escribir a gemmabrieautora@gmail.com o consultar sus redes sociales en www.gemmabrie.com.

ESTHER BURGUEÑO

Cuando era una niña, sus dos cosas preferidas eran un lápiz y una hoja en blanco. Había oído en algún lugar remoto que existen personas que tienen el dibujo como profesión. Si era cierto, ¡quería ser una de ellas! Cuando creció, su sueño seguía allí, muy fuerte, así que se licenció en Bellas Artes en la Universidad de Barcelona. Contar historias con imágenes es lo que más le gusta del mundo mundial. Hace poco empezó también a escribir sus propias historias… Y tiene un montón en el cajón, esperando poder salir en un buen día de sol. Puedes descubrir más en www.estherburgueno.com.

¡NO TE PIERDAS LA PRÓXIMA AVENTURA DE SUPERRATADO!

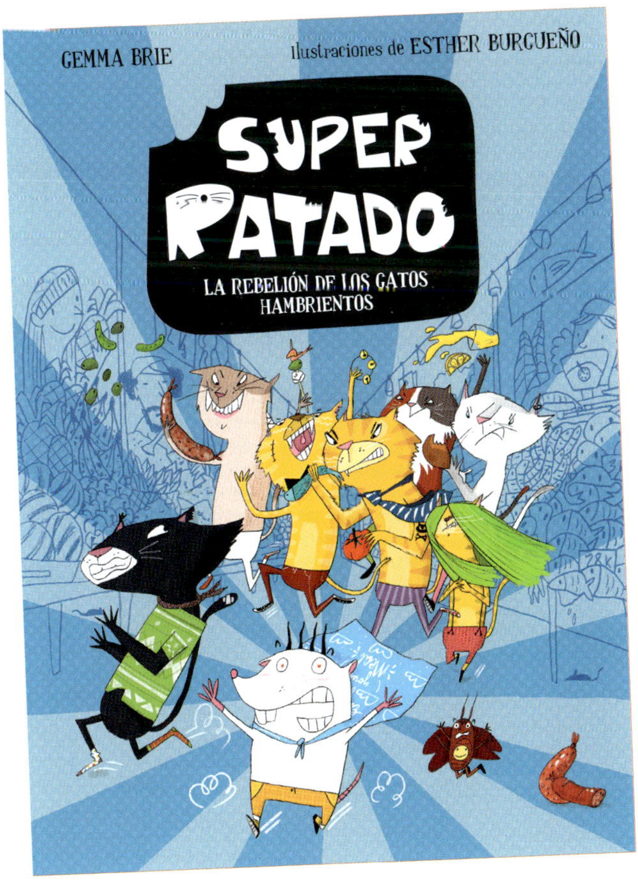